Poems fo joo jaenam, the 5
| 주재남 다섯 번째 시집 |

여행은 맛있는 인생이다
잘츠부르크 환상곡

서문

인생
잠간 머물다 간다
내 것이라고 만지다
언제 갈지 모르는데
여행은 맛있는 인생이다
욕심은 내서 무엇 하나
과하지 말고, 더럽히지 말고
강물이 흐르는 지혜를 배워
나누고 비우는 마음으로 살자
글을 알고 시를 쓰면서
맑은 가난의 길 35년을 걸어 왔다
내가 아는 모든 이에게
망년지교忘年之交의 마음으로
삶의 향기 즐기며 더불어 가자
오늘 이 텃밭에
작은 소나무 한그루 더 심는다.

2025. 10 끝자락
낙엽 밟는 소리 들으며
一法 주재남

――――――― Program Note / 프로그램 노트

여행은 맛있는 인생이다

여행은 몸으로 직접 내 삶을 디자인 하고
세상을 맛보는 시간이므로 고달픈 행복의 꽃이라고
누가 말했다. 30여 년 동안 27개 나라 30회
이상 해외여행을 하면서 역사. 문화. 자연.
일상생활. 음식 등 여러 가지 보고 느끼고 체험한
추억들을, 국내여행 및 현대시 몇 편을 담아,
제5시집은 내 삶의 "다큐멘터리"이다.

Program 프로그램 · 차례

1부 | 할리우드에 가다

〈 미국 편 〉

태평양의 진주 하와이 · 10

하버드의 거리 보스턴 · 11

자유의 여신상 · 12

거짓말 같은 특강(조이재 박사) · 14

워싱턴 25시 · 16

할리우드에 가다 · 18

지구촌 심장 뉴욕 · 20

뉴욕주립대학 세미나 · 21

2부 | 세계인의 휴양지 푸켓

〈 동남아시아 편 〉

방콕에서 · 26

메콩강 톤레샵 호수 · 27

앙코르 왓트 · 28

구름위에 호텔 · 30

필립핀 마닐라 · 32

정원의 나라 싱가포르 · 34

인도네시아 바탐섬 · 36

세계인의 휴양지 푸켓 · 38

하롱베이 나팔소리 · 40

사이공이여 안녕 · 41

달랏.나트랑 · 42

킨링필드 · 43

3부 | 자연이 산수화를 그리다

〈 중국 편 〉

북경에 가면 · 46
계림의 산수유 · 47
면산의 수채화 · 48
소림사 · 49
백두산 천문봉에서 · 50
황하강 · 52
병마용갱 · 53
장가계 · 54
해란강은 알고 있다 · 56
황산 · 57

4부 | 에펠탑 전망대위에

〈 서유럽 편 〉

로마의 기도 · 60
프랑크푸르트 · 61
스위스 융프라우 · 62
콜로세움 북소리 · 64
물의 도시 베네치아 · 65
테임스강의 미소 · 66
로미오와 줄리엣 · 67
몽마르뜨르 언덕에서 · 68

Program 프로그램 · 차례

5부 | K-POP 환타지

⟨ 일반시 편 ⟩

커피1번지 · 72
솔향 수목원 · 73
바다의 아이들 · 74
k-pop 환타지 · 75
맛있는 여행 부산 · 76
능소화 축제 · 77
내 생生의 친구들 · 78
늦가을에 · 79
검룡소의 미소 · 80
한 잎 낙엽 · 81

6부 | 붓다의 고향 룸비니

⟨ 인도, 네팔 편 ⟩

타지마할 · 84
네팔 카투만두 · 85
갠지스강 · 86
부처님의 생가 · 88
인도 델리 · 89
네팔 포카라 · 90
룸비니 대성석가사 · 93
바라나시 · 95

7부 | 가까운 나라, 이웃 나라

〈금강산, 일본, 러시아 편〉

아무르강의 노을 · 98

코, 귀 무덤 앞에서 · 99

도쿄에서 · 100

금강산 만물상에 올라 · 102

대만 타이페이 · 104

블라디보스토크 · 106

8부 | 발칸반도를 가다

〈동유럽 편〉

비엔나에서 · 108

부다 페스트 · 109

블레드 호수 · 110

자그레브 · 112

체코 프라하의 봄 · 113

잘츠부르크 · 114

Program 프로그램 · 차례

9부 | 철마는 달리고 싶다

〈 국내 여행 편 〉

거문도 등대의 파도소리 · 118
마라도 · 119
백령도 · 120
인천대교 · 122
실미도 2 · 123
임진각 · 124
선유도 바람소리 · 126
향일암 · 127
독도의 침묵 · 128
내장산 단풍 · 130
도라산 전망대 · 131

제1부

할리우드에 가다
<미국 편>

태평양의 진주 화와이

도라 도라 도라
세계 2차 대전
일본군의 진주만 공격의 잔해,
미국 군함이 아직도 붉은 선혈을 흘리며
바다에 쓰러져 치료를 받고 있다
전쟁이 끝난 지 아득히 멀리 떠나간 시간
후손들의 산 교육장으로 보존하고 있다
역사는 진실대로 기억 되어 야 한다고,
귓속에 담아두는 저 아픔들을 보면서
태양이 익어가는 와이키키 해변에서
또 다른 세상으로 여행을 한다
한 점 은파로 뒹구는 별보다 많은
젊은 여인들의 눈 시린 육신들
인간 전시장의 쇼인 도우 페스티벌이다
꽃은 꽃대로, 여인은 여인대로 모두가 꽃이다
하늘과 얼굴을 맞대고
속살 섞는 수평선을 보면서
이 작은 육신도
타는 노을에 한 점 바람이 였다.

하버드 거리 보스톤

미국하면 제일 먼저 세워진 유서 깊은 곳으로
동부 대서양에 위치한 도시로 독립과 역사적인 유물
자연경관이 매력적인 도시로 알려져 있다
MIT 공대 경내를 둘러보고
미국에서 가장 오래된 세계적인 하버드 대학에 갔다
일요일에 방문하는 관계로 강의는 듣지 못하고
존 하버드 동상 앞에서 기념 촬영을 하고
존 하버드의 무언無言의 실용주의 철학에 대한
강의를 들었다
우리나라에도 훌륭한 조순. 반기문. 한덕수. 박진 등
이 대학에서 공부하고 나라와 사회에 큰일을 하신
분이 많이 있다
이 대학에 방문 온 것만으로도 가슴 뿌듯하다
하버드의 가르침이 지구촌 모두에게로...
인생은 여행을 해야 맛이 난다.

자유의 여신상

속 빈 여자가 뉴욕 맨하턴을
바라보며 혼자 서 있다
허드슨강변 오막살이 조그만 섬에
"어머니들이여"
"여자들이여"
자유를 위해 일어나라고
소리치며 외치고 또 외쳐본다
세계를 지배하는 것은 남자지만
그 남자를 지배하는 것은 여자다
눈물 묻은 빵을 씹지 않고 어떻게
자유란 걸 누릴 수 있을까
미국 독립 100주년을 기념하여
프랑스가 대서양을 건너
시집을 보낸 미모의 딸
허드슨 강변에서 지난 세월의
역사를 침묵으로 웅변하고 있다
세계인의 자유를 위해
횃불을 들고 일어선 여자
그대 이름은
"자유의 여신상".

미국 뉴욕 자유의 여신상 1994. 1

거짓말 같은 특강
<조이제 박사>

1994.1.18. 09시
하와이대학교 동서 문화센터에서
〈21세기 동북아 문제와 세계경제〉에 대한 강의다

강릉대학교 최고경영자 2기, 정책과정2기 가
졸업 기념으로 미국으로 세미나 여행을 갔다
첫 여행지로 하와이대학교 부총장
조이제 박사로부터 특강을 듣는 시간이다

첫마디에 "21세기가 되면 동북아 3국이 세계 경제를
이끌어 가는데 일본경제는 서서히 몰락하고
중국과 한국이 주도해 가는데 21세기 중 후반에
가서는
중국이 소련처럼 종족 별로 나라가 쪼개지고
한국이 마지막까지 이끌어 간다"고 예언 한다

크게 얻어맞은 것처럼 큰 충격을 받았다
현재 일본이 세계 경제 2위로 잘 나가는

경제 대국이고 철강, 전자산업, 자동차, 등등
우리나라와 비교 대상이 안 되는데 무슨 근거로
무슨 과학적 원리로 이런 말을 함부로 할 수 있을까
이 거짓말 같은 강의를 믿어야하나?
이해 할 수 없다
나 혼자만이 아니라
모든 사람이 하나같이 큰 충격의 시간이다
거짓말 같은 강의 2시간이 어떻게 지나갔는지
모두가 큰 숙제 같은 그림을 그리며 시간은 흘러
새 천년이 되고, 2010년, 2020년에 이르러
그때 그 강의가 이렇게 숫자 게임같이
정확하게 맞아 가는 것이 신기할 뿐이다
신의 세계인가 하늘의 계시인가
전자. 조선. 원전. 자동차. 방산. K-POP
지구촌 어느 누구도 부정 할 사람은 아무도 없다
한강의 기적은 오늘도 계속 진행 중이다.

워싱턴 25시

미국의 수도 워싱턴 DC
화이트하우스 앞에 버스가 멈춰 섰다
모두가 경건한 마음으로 조용히 바라본다
지구촌의 안녕과 번영을 위해 애쓰는
미국 대통령 집무실이다
빌 크린턴 대통령은 보이지 않았다

국회의사당 안에서 이곳에서 일들을 설명 듣고
항공우주 과학관에서 아폴로 우주선장
닐 암스트롱도 만나고,
최초 동력 비행기를 만든 나이트 형제도 만났다
케네디센터에서 가이드 이야기를 듣는다
46세 젊은 대통령이 암살로 세상을 떠났다고
미국에서 총기류 소지는 언제 없어 질 것인지

워싱턴 광장을 지나 링컨 기념관에 갔다
〈국민의 국민에 의한 국민을 위한 정부는
지상에서 결코 사라지지 않을 것입니다〉란
링컨의 위대한 말씀을 되새겨 보면서
FBI 건물 옆을 지날 때는 나도 모르게 움츠려지는 감정

전 세계의 모든 정보가 이 건물 안에 있다는 것
미국이여 영원히...
이 지구촌 안녕 질서를 지켜 주세요
붓다의 기도로 소망 합니다.

미국 워싱턴 국회의사당 1994. 1

할리우드에 가다

캘리포니아 해변의 바람이
상큼하게 입술을 훔치고 지나간다
1월의 날씨가
우리나라 10월의 날씨 같이 썬 하고 화창하다
"나성에 가면 편지를 띄우세요
꽃 모자를 쓰고 사진을 찍어 보내요~"
대중가요 가사가 먼저 가슴에 와 닿는다
아침 식사를 한국인 교포 식당에 갔다
무슨 인연일까?
김영삼 전 대통령께서 미국 방문 때
이 식당에서 식사를 하고 다녀가신 곳이다
기분이 좋았고 식당이 깔끔했다
캘리포니아 산 흰쌀밥이 찰밥같이 맛도 좋았다
할리우드 영화의 안방에 갔다
여기 오니 젊어서 봤던 영화
황야의 무법자 중에 방랑의 휘파람,
벤허 그 화려함과 촬영기술
음악과 예술성이 지금도 생각난다

"마릴린 먼로"의 주연 작품은
보지 못하고 오는 것이 넘 아쉬웠다
1번지 길에서 손도장만 찍고 왔다
디즈니랜드, 말로만 듣던 놀이동산
여기서 보는 모든 것들이
별의 세계 같이 신비롭고 환상적다
세상은 넓고 볼거리는 많다
돌아가면 아이들을 빨리 큰 세상으로
여행을 보내야겠다고 다짐해 보면서.

* "   "채용

지구촌 심장 뉴욕

세계인의 심장부 뉴욕
붉은 선혈이 끓는 그 속에
오늘하루 여기서 숨 쉬고 있다
맨해턴 110층 무역 썬터 쌍둥이 빌딩 전망대에서
세계를 내려 다 보고 있다
허드슨강의 뉴욕 브리지 밑으로
코리아의 컨테이너 화물선이
미국으로 시집오는 우리 상품을 싣고
점잖게 통과하고 있다
대서양의 비릿한 바닷바람이
옷깃을 스치며 상쾌하게 기분을 돋운다
왼쪽은 102층 엠파이어스테이트 빌딩,
오른쪽은 세계인의 정치 1번지 UN 본부도
한참아래 동생으로 보인다
록펠러 센터 앞에 천태만상의 수많은 인파
자유와 민주 평등의 인간세상
걸인들 점심식사 제공을 받는다
이 것이 거대 미국 대륙의
자본주의 사회 얼굴을 본다.

* 1994. 1

뉴욕주립대학 세미나

롱아이스랜드 마리야트 호텔에서
뉴욕 주립대학 "올드 웨스트 버리" 대학교로 첫 출근을 했다
이번 여행의 하이라이트 3일간의 세미나가 있다
오전에는 세미나 강의가 있고
오후에는 뉴욕 시내 관광으로 프로그램이 짜여 있었다

1994. 1. 24. 09시
흑인 여자 총장이 첫 인사를 한다
처음 격어 보는 흑인 여자 총장 조금은 낯설었다
교수진의 인사가 있은 후 강의가 시작 되었다

소련이 붕괴되고 냉전시대가 끝나가는 무렵
세계 질서 구도와 안보에 대한 이야기로 시작하여
세계경제, 원자력, 외교안보, 국방, 무역 등
여러 가지 문제들을
심도 있게 교수들이 강의를 해 주었다

강릉대학에서 1년간 다양한 강의를 들었지만
미국 큰 대학에서 국제적 관심사들을
강의 듣는 기분은 그 질적 차이가 너무 달랐다
오후 시간에는 국립 원자력 과학 연구소
경찰청, 시청, 뉴욕 주립대학 교내 관람 등
현장방문 관광으로 많은 것을 보고 느끼고
배울 수가 있었다
모든 것이 처음이라 가는 곳 마다 새롭고 신기하고
선진국 자본주의 사회를 접해 본다
이번 미국여행은 하와이, LA , 워싱턴, 보스톤
뉴욕까지 오면서
잘사는 나라 미국에서의 풍요를 보면서
언젠가는 우리나라도
잘 살 수 있을 거야 생각해 봅니다

마지막 날 우리나라 "국악의 밤" 행사가 있었다
그 우아하고 그윽한 국악노래, 부채춤, 장고춤,
사물놀이 등 "페스트 벌"은 지금도 기억에서

잊혀 지지 않는다
어려서부터 큰 세상을 보고 큰 꿈을 키워가는 자 가
큰 꿈을 이룰 수 있다 고 한다
더 많은 지혜를 배우고, 또 배워야서
나 자신을 만들어 가야 한다
미국 세미나 여행은 내 삶의 "다큐멘터리" 였다.

| 주재남 다섯 번째 시집 |

여행은 맛있는 인생이다
잘츠부르크 환상곡

제2부

세계인의 휴양지 푸켓
< 동남아시아 편 >

방콕에서

천사의 나라
웅장한 새벽의 사원에 여명이 찾아왔다
짜오프라야강 수상水上시장에
밤별 보다 많은 쪽배들,
진한 삶을 살아가는 사람들의 땀방울이
가족을 가꾸고 인생을 가꾸어 간다
바이욕 호텔 84층 만찬의 향기는 동남아시의
배꼽 같은 도시에 최고의 라차프륵꽃이다
왕궁에서 남방불교의 맛있는 진리를 맛보고
붓다의 위대한 보시를 가슴에 새겨본다
축구를 하던 코끼리 등을 타고 팟타야 해변으로
가서
수상스키, 낙하산을 타고 하늘을 날아본다
알카자쇼, 꽃이 시샘하는 여자* 게이
그 들이 부르는 아리랑에 취해
소리 높여 "앵콜 앵콜"을 소리쳤다.

* 게이; 남자가 성 전환 해서 살아가는 여자

메콩강 톤레샵호수

티베트를 떠나 4,350㎞
멀고 먼 힘들고 고단한 시간들
그가 걸어온 삶의 향기는 장미꽃이다
어머님의 눈물 묻은 사랑보다 진한
땀방울의 값은 에메랄드 보다 빛나고
미련 없이 빈손으로 떠나온 길
강물만이 할 수 있는 생의 무게다
저녁노을에 핑크빛 머플러를 두른
그의 몸짓은 오월 들녘 푸르름보다 빛나고
캄보디아 톤레샵 호수를 만들고
수상마을은 육지와 똑 같은 마을이다
그는 오늘도
지혜로운 그 길을 걸어가고 있다.

* 메콩강이 만든 아시아에서 가장 큰 호수

앙코르왓트

메르 왕국도 떠나고 신神도 떠나고 없는 빈자리 가슴 따뜻했던 사람들의 온기도 떠나고 없다 세상에 영원한 메뉴는 없는 것이다 등짐지고 힘겨웠던 시간 속의 사람들이여 임이 있었던 자리 오늘 우리들의 몫으로 남겨놓은 너무도 큰 겨운 행복을 마음껏 가져봅니다 떵 빈 하늘이 아닌 지구촌 우리들의 벗이요 이웃이 되었다 정글에 묻혀 아파했던 긴 시간을 털어내고 새 삶을 만들어 간다 누구도 꿈꾸지 못한 자기만의 간직한 예술로 빚은 인류문화유산으로 그 푸른빛은 오월이다 우리함께 편한 쉼터에서 옛이야기 꽃피어 봅니다.

캄보디아 앙코르왓트 사원 2009. 3

구름위에 호텔

말레시아는 동남아시아에서
서쪽으로는 인도양를 끼고 있고
말레이반도 끝에 도시국가 싱가포르가 있다
수도 쿠알라룸푸르에 위치한 페트로나스트윈 타워는
세계적인 랜드 마크 하나로
이 쌍둥이 빌딩을 우리나라 삼성물산과
일본의 하나 회사가 한 동씩 지은 유명한 걸 작품이다
쿠알라룸푸르에서 좀 떨어진
컨팅하일랜드는 구름위의 라스베이거스라는
말레시아의 카지노 리조트랜드 호텔에 여장을 풀었다
해발 2,000m의 고원지대에 위치하고 있는
오락실. 놀이기구. 스카이웨이를 즐길 수 있는 곳인데
말레시아에서 유일하게 이곳에만 카지노가 있다고 한다
지하 전체가 카지노장으로 과히 엄청난 규모를
자랑하고 있다
수도 쿠알라룸푸르 시내로 들어오면 70년대에
그 유명했던 축구경기 메르데카배 축구장을 본다
당시 아시아권에서 제일 수준 높은 스포츠 경기였다

언제 한번 꼭 와 보고 싶던 곳을 볼 수 있어 좋았다
7일간의 동남아 여행을 이곳 대통령궁 정문 앞에서
즐겁고 유쾌했던 시간을 조용히 마무리 하면서
여행은 고단한 행복의 꽃이다.

필리핀 마닐라

필리핀은 동남아시아에서 서태평양에 위치한
7,000개가 넘는 섬으로 이루진 나라다
6.25동란 때 우리나라를 도와준 참전국 중
다섯 번째로 많은 병력을 보내준 보은의 나라다
국민의 한사람으로 감사를 드린다
한때는 마르코스 대통령의 문제와
이멜다 령부인의 사치스런 생활로
국제 뉴스로 많은 시간을 차지했다
마닐라 아끼노 공항에 도착하여
그리 멀지 않은 곳에서
국내선 공항으로 이동 했다
24인승 작은 비행기에 탑승하여
바다 위로 날라 보라카이 해양 휴양지로 간다
비행기가 너무 오래된 고철 같은 모습에
모두가 긴장하고 불안했다
보라카이 섬은 유명한 관광지 섬으로 천혜의
바다 휴양지였다
시간 가는 줄 모르고 2박3일을 보냈다
너무 즐거웠던 시간이라 떠나기 싫었다
필리핀 본토로 들어와

마닐라 옆 강물을 거슬러 올라가는
인력人力 쪽배를 타고 팍상암 폭포로 간다
대단한 폭포는 아닌데 관광객들이 많았다
그래도 이곳은 필리핀에서 손꼽히는 여행지란다
여행은 어디를 가도 그곳만의 맛이 있다.

정원의 나라 싱가포르

첫인상이 아시아에서 제일 깨끗한
도시 국가다
잘 정리 정돈된 나라라고 기억난다
나라전체가 항구 도시다
중계무역 관계로 대형 화물선이 매일 밤
50여척 이상 화물 하역을 기다리고 있다 한다
더 하여 국제금융의 허브도시 라고
이곳 창이 국제공항은 우리나라 현대 건설이
지은 건물로 세계에서 제일가는 공항으로 이름나
있다
싱가폴 여행을 세 번 왔는데 무슨 인연이 있어
콩코드 호텔에서 세 번 다 숙박을 하게 되었다
1급 호텔로 매우 크고 깨끗했다
대한, 아시아나 항공 승무원들도 이 호텔을 이용 한다
거리로 나서면 도시가 어느 식물원에 온 기분이 난다
똑 같은 모양의 빌딩은 하나도 없고
그림 같은 도시다
한국의 건설회사들이 이 좋은 빌딩을

많이 지었다고 가이드가 안내 한다
마음 한구석 흐뭇한 자부심을 느끼면서
주롱 새 공원엔 여행객들이 너무 많아
발 디딜 수가 없을 정도다
평생 보지 못한 새들의 예술을 보고
케이블카를 타고 센토사섬으로 갔다
울창한 야자수 밀림지대로 자연의 풍미가 났다
이곳 호수에서 쏴 올리는
밤에 음악 분수 쇼는 최고의 명품 여행이다
아쿠아리움, 악어농장,
모두가 생소하고 처음 보는 것들이다
점심 식사를 중국화교 식당에서 했는데
"스팀포드 샤브샤브" 식사는 평생 잊지 못 할
추억의 메뉴였다
입에 열거 할 수 있는 것은 다 있었다
언제 또 그런 메뉴를 만날 수 있을까
싱가포르는 19살 아가씨다.

인도네시아 바탐섬

싱가폴 산토사섬에서
배편으로 30분정도 시간에
인도네시아 바탐섬 원주민 촌에 도착했다
방갈로식 초라한 목조 건물로
여자들은 일터로 나가고 보이지 않고
어린 아이들과 생활에 찌들어 볼품없는
남자들뿐이다
"저 집 보세요 밖에서 보이는 문이 세 개 보이면
부인이 세 사람, 네 개보이면 네 사람"이란다
가이드가 젊은 여자 였는데
"주 오빠는 한국에서 불쌍하게 사네"
여기 오면 여자를 네 명 다섯 명도 데리고 산다고
한다
아 ! 무서워
한명하고 사는 것도 힘들어, 등짐 무거워
버스로 다시 1시간 이동하여
래디슨 리조트 호텔에 여장을 풀었다
태평양의 시원한 바람이 손님을 맞는다

잘 다듬어진 풀장과 바닷가 해수욕장
호텔, 야자수 밭 방갈로, 한 폭의 서양화다
원주민촌 생각이 머리에서 떠나지 않는다
풀장에서 일행들이 금붕어처럼 놀던
그때 그 시간들
아 옛날이여!
이젠 조금씩 조금씩 멀어져 가고 있다.

세계인의 휴양지 푸켓

남태평양의 바람이
팡아만 국립공원 수상마을로 안내 한다
파도가 흔드는데도
흔들리지 않는 사람들
얼마나 많은 날을 살아왔을까
제임스본드 섬에서
007영화 주인공 제임스본드와
커피를 함께 마셨다
피피섬에서 지난날
스나미의 아픈 상처를 어루만져 보면서
우리들의 자연을 더 많이 아끼고
사랑해야 한다고 다짐해 본다
맹그로브 나무들이 스크랩을 짜고
진주보다 빛나는
푸켓을 가꾸며 주인으로 살아간다
저녁노을이
허공에 뜬 초승달 하나 건져 올린다.

태국 푸켓 제임스본드 섬 2008. 2

하롱베이 나팔소리

은하수 속삭이고 간 자리에
푸른 잎새로 일어선 섬들의 군무群舞
바다는 그 얼마나 많은 날을
저리도 하이얀 밤을 태우며 몸부림 쳤을까
바람은 구름의 자궁 속에서 살아온 시간의
굴레 속에서 아우성이다
남은 생은 구름에 맡겨 두자
수평선 저 너머 미로에
웃음이 만선으로 돌아오는 날
누군가를 그리워하며 세월을 줍고 있다
언제 다시 뜨거운 입맞춤 할까.

사이공이여 안녕
<호치민 시>

고단한 시간은 강물처럼 멀리 흘러 갔다
맑고 화창한 날씨에 도시가 활기로 넘친다
아! 옛날이여
월남
티우 대통령의 그 화려했던 지난날들을
누가 가져갔나
그림자의 발자국만 서성이고 있다
호치민의 위대한 영도아래
밤이면 베트공 이라고 부르던 주민들이
슬기로운 선택으로
베트남사회주의공화국으로 통일을 이룩했다
자유민주주의면 더 좋았을 것을?
구찌 땅굴 500km 그 무거웠던 삶의무게
나라를 지키기 위한 뜨거운 사랑
난초꽃향기 가득하길 소망합니다.

달랏 나트랑

호텔에 짐을 풀었다
아! 이게 뭐야
호텔방에 난로를 피워 온기를 채우고 있다
동남아시아 여행에서 처음 보는 장면이다
해발 1,500m가 넘는 고원지대란다
레일바이크를 타고, 마차를 타고,
플라워 가든에서
꽃과 어울려 시낭송을 하고 차도 마셨다
논밭은 모두가 비닐하우스로 작물을 재배한다
베트남에도 이런 피서지 같은 잼 있는 도시도 있구나
세상에 모든 것은 하나일 수는 없다
나트랑에서 제2의 해운대를 보았다
베트남 전쟁 때 이곳이
미군 휴양지였음을 말해주고 있다
벌떼처럼 밀려가고 밀려오는 저 오토바이 물결
모두가 M Z 세대들이다
봄의 새싹을 보는 듯 가슴 뭉클 넘 부럽다
한국은 가는 곳마다 실버 세상인데
먼 내일의 베트남의 미래
지구촌에 꺼지지 않는 등불이 되길.

킬링필드

캄보디아 씨엠립시
왓트만 사원 뜰에 작은집 하나
뼈골을 드러내 놓고 잠들지 못한
영혼들의 분노에 가득한 눈빛을 본다
폴포트 정권의 위정자들의 정치놀음,
크메르루주군의 잔악한 학살의 총칼 앞에
죄 없이 무참히 쓰러져간 수백 만 명의
선량한 시민들의 고귀한 생명
아직도 붉은 피를 토해내고 누워 있다
녹 쓸 수 없는 잊지 못할 저 악몽의 기억들
이슬처럼 숨져간 젊은이들의 잃어버린 시간
참으로 소중하게 태어나
한줄기 햇살보다 곱게 피어날 이파리들
그들의 삶의 값을 누가 보상해 줄 것인가
허공 속에 떠도는 저 참상의 아우성 소리 들으며
꿈이 아닌 현실의 지옥 같은 역사를 본다.

| 주재남 다섯 번째 시집 |

여행은 맛있는 인생이다

잘츠부르크 환상곡

제3부

자연이 산수화를 그리다
< 중국 편 >

북경에 가면

진시황이
만리장성을 쌓고 있다
머~언 먼 2200년 전
천문학적 거리
누구의 아이템이었을까?

쌓아올린 돌덩이만큼
사라져 간 목숨들의 저 아우성소리
누구를 위해 종을 울렸나

14억 명이 넘는 사람들
중국이나 할 수 있을까?.

계림의 산수유

이강*을 떠가는 유람선 선상 위로
소슬바람이 사람들의 어깨를 두드려 준다
산문山門이 아직도 빗장을 풀지 않은
열일곱 살 소녀 젖무덤 같은 수 만 개 산봉우리
강변 따라 줄지어 서 있다
눈빛과 마주치자 계수나무 향기,
우리를 향해 일제히 박수를 친다
휘파람 불며 물고기를 낚아 올리는 가마우지
그도 우리들 향해 환한 미소를 보낸다.
계림에서 들리는 산수유의 속옷 벗는 소리
유람선 선상에 오래도록 머물러 다오.

*이강; 중국 계림에 있는 강

면산의 수채화

안개 춤사위가
태항산 허리를 휘어 감고 춤을 춘다
산위에 하늘이 있고 하늘위에 산이 있어
중국의 그랜드캐니언을 본다
해와 달 하늘과 땅 음과 양을 노래하던
대라궁大羅宮에서 도교의 가르침이
심장을 깨워 가슴을 파고든다
한식寒食의 주인공 개공사당에서 개자추의
흔적을 보며 지난 삶을 반추해 보며
살 냄새 나는 충신의 몫을 다한 죄인가
나라님의 생각이 짧았던가
세월이 흐른 뒤에야 값의 향기를 아는 것
오늘도 삶을 뒤척이는
면산의 기상이 도도히 흐르고 있다.

소림사*

비가 내린다
경내가 침묵으로 조용하다
고단한 시간이 부서지고
삶의 경계가 무너진다
공연장에선 신승달마대사가 남긴
수 천 년의 기압 소리
얼마나 많은 날들이 하늘을 찔렀을까
제비처럼 날고, 독수리같이 매섭게
상처 난 허공의 발자욱 소리를 듣는다
수도와 무예의 고향 소림사
침묵하는 탑림塔林앞에서
지나간 시간만 건져 올리고 있다.

*소림사; 중국 정주에 있는 절

백두산 천문봉에서

한 민족의 신앙 같은 존재
령산靈山 백두산천지
우주의 세계를 본다
마음의 고향처럼 늘 보고 싶던 곳
한반도의 등줄기가 시작되는 곳이요
압록강, 두만강, 송화강의 발원지로
장백폭포는 장엄한 노래를 토해내고 있다
기암절벽을 병풍으로 두르고
하늘을 품고 앉아 사랑을 불태우는 천지天地
그리움보다 더 맑고 깨끗한 시린 물결은
운무 피워 올리는 님의 침묵은 장관이다
오! 백두산 천지
그 웅장한 모습에 할 말을 잊고
우리들의 눈길마저 붙들어 매어놓고
중국 땅 천문봉에서 북한 땅 장군봉을
애잔한 마음으로 보고만 있어야 했다
백두에서 한라산까지 마음 편히 날고 싶다
한반도의 땅
북쪽 붉은 동토의 땅 장군봉은 언제 밟아 볼 것인가
하늘이여!
땅이여!

중국 백두산 북파 정상 2001. 7

황하강

14억의 사랑, 어머니 강
쿤룬 산맥에서 5,500여km를 달려 왔다
지구촌에 다섯째 형으로 태어나
말없이 가야 하는 길
그의 고단한 얼굴이 황토색으로 변해 있다
고속도로 3시간을 달려도 끝없는
중원평야엔 황금색 밀 보리밭이 가히
황하의 가슴이란 걸 알았다
세월은 가고 없어도
그는 언제나 그 자리에서
창을 열고 팔 벌여 묵묵히
중원평야를 않아주고 있다.

병마 용갱*

사람으로 태어날 땐
너도 빈손이고 나도 빈손이다

사람은 다 같은 사람만은 아니다

살아서도 진시황秦始皇 이요
죽어서도 진시황秦始皇 이라

이 축제를 보고
더 물어 볼 말이 있더냐

흙속에 진주보다 소중한 구릿빛 얼굴에서
지난날 용맹했던 당신들의 땀에 향기를 보면서
진시황
그 그릇, 그 무게를 생각해 본다.

* 흙으로 구워 만든 수만 병사와 말이 묻힌 구덩이
 중국 시안에 있다.

장가계

하늘과 얼굴을 맞대고 있는 산이다
안개가 춤을 추고 떠난 자리,
천자산이 산을 데리고 와 섰다
맑은 영혼으로 살아온 어필봉이 붓을 꺼내
때 묻지 않은 한 폭 동양화를 그린다
오는 사람 가는 사람 입술마다 묻어나는
"우~~아"의 탄성소리 폭포수처럼 들리고
원가계 올라 산의 맨살 패션쇼를 본다
계곡 갈피마다
수고한 임들의 슬기가 꽃으로 피고
산의 동맥에 흐르는 물소리를 들으며
밤마다 달빛이 내어주는 저 여백의 강가에서
우주가 만든 무릉도원 걸작 한 송이.

중국 장가계 잔도길 2007. 8

해란강은 알고 있다

차창 넘어 시야에 들어오는
들녘의 풍경은 낯 설지만
가슴에 와 닿는 감정은
고향에 온 듯 포근하다
길림성 용정 땅에 윤동주. 심연수 님은
자랑스러운 대한민국의 아들로
젊음을 나라 위해 바쳤지만
해란강은 수많은 역사를 간직한 채
오늘도 묵묵히 침묵으로 웅변하고 있다
왜놈의 수탈에 일송정—松亭 은 가고 없어도
민족혼 일깨우는 일송—松으로 다시 태어나 살아
숨쉬고
님의 그림자 보고싶어
오늘도
고국 땅 멀리서 찾아오는 무수한 발걸음
땅의 주소야 중국이면 어떤가
거리마다 간판마다 한글로 쓰여진 도시
아리랑의 얼 가꾸며 긍지로 살아가는 후예들
이 벅찬 뿌듯함이여
가슴 가득히 간직해 본다.

황 산

연화봉이 창문을 열고
하늘을 꺼내 들고 서 있다
고단한 시간을 딛고 걸어온 나날
구름과 바람의 고향이요
자연의 둥지로 선 푸른 잎새
그의 가슴에서 땀 냄새를 맡으며
혈관을 타고 걷던 서해대협곡
이승과 저승의 갈림길 이었나
밤마다 별들의 웃음소리 들리는 언덕에
언제 또
당신의 입술을 부딪치며 취해 보나
가을 여인 같은 임이여.

| 주재남 다섯 번째 시집 |

여행은 맛있는 인생이다

잘츠부르크 환상곡

제4부

에펠탑 전망대위에
< 서유럽 편 >

로마의 기도

바디칸 울타리 안에
성 베드로 성당 종소리가 들린다

하늘 끝, 땅 끝까지
님의 손길이 아침이슬로 내려
넘치고 또 넘치는
기도의 물결로 가득하다
로마제국의 말발굽 소리
아련히 들리는 저 광야위에
가톨릭의 빛은
포도 넝쿨보다 잘 익어 간다
테베르강 언덕에서
고단한 세월만 먹고 살아온
콜로세움*의 녹슨 기침소리를 들으며
복사꽃 같은 미켈란젤로의 손길을 만져본다.

* 로마시에 있는 유적지

푸랑크 푸르트

아우토반* 위로 머플러를 날리며
신나게 달려 하이델베르크로 간다
마인 강변 수레국화의 손짓을 받으며
웃음소리 들리는 광장에
"갈색폭격기 차붐*"의 함성이
메아리치던 거리엔 그때의 깃발이
지금도 펄럭이고 있다.
"젊은 베르테르의 슬픔"의 작가
괴테의 녹슬지 않은
푸르디푸른 가르침을 듣는다.
오월의 청보리 밭 벌판에
맥주가 썬~ 하게 익어가고 있다.

* 아우토반 ; 속도 무제 한 고속도로
* 차붐; 차범근 선수의 애칭

스위스 융프라우

궤도 열차가 산언덕을 기어올라
알프스 영봉의 *융프라우3800m 전망대로 간다
갈수만 있다면 더 높은,
꺼이꺼이 울음을 토할 지라도
순록보다 먼저 달려 정상까지 가고 싶다
하이얀 하늘이 내려와 요들송을 부르며
빙하터널 처마 끝에서 춤을 춘다
연두 빛 강변에 수채화로 그려놓은
그림보다 이쁜 스위스의 얼굴
밤별이 뚝뚝 떨구고 간 발자국인가
홍시 속살 같은 만년설 여인의 옷깃에
묻어나는 노을빛.

* 알프스산맥에 있는 산

스위스 융프라우 3800m 위 얼음동굴 2005. 5

콜로세움의 북소리

지구촌에서
가장 작은 나라 심장 속에서
가장 큰 나라 바디칸을 본다
아담과 이브의 발자욱이 지나가고
로미오와 쥴리엣이 입맞춤 한다
성 베드로의 무덤위에서
성 베드로를 깨우는 신부님 성경소리 요란하다
미켈란젤로의 손맛이, 매운 고추 맛이다
순례 객들의 눈길을 낚아 올린다
몽불랑, 융프라우의 저녁 머플러를 깨우고
콜로세움의 북소리, 말발굽 소리가
데이지 꽃노을에 젖은 테베르강이
소리 없이 역사를 만들고 있다.

물의 도시 베네치아

알프스 소매 끝자락, 물 위에서 미끄러져 가는 수상버스를 탔다. 그의 심장은 꽃이 피는 곳이 아니라 물고기 조개들이 별처럼 무리지어 붙어사는 도시, 영화의 고향, 바다 위에 핀 꽃 내 가슴 언저리에 한 송이 장미꽃으로 기대어 살아온 지도 오래다 파도 소리 돌팔매질에 피멍 든 빌딩들 저 바다의 살갗이 붉은 피를 토하도록 도려내어 커피향이 흐르는 카페로 리모델링 할 수 없을까 흙먼지 날리는 길모퉁이에 들장미 심어놓고 비엔나 어린이 합창단의 "들에 피~인 장~미~화" 노래를 들으며 이 거리를 그날의 발자국 소리와 손잡고 다시 걸어 보고 싶다.

테임스강의 미소

˚테임스강에 비가 내리고
국회의사당에서 축포를 쏜다
여왕이 왔다고 알린다.
해가 지지 않는 나라 심장부
런던브리지 입술에
붉은 립스틱 미소가 흐른다.
설익은 대서양의 바닷바람이
워털루에서 유로스타를 타고
도버해저 터널을 지나간다.
버킹궁에서
오월이 걸어 나오고 있다.

* 영국 런던에 있는강

로미오와 줄리엣

이태리 밀라노 작은 집 뜰에
느티나무 보다 큰 장미꽃을 가꾸던 시간
손때 묻은 그림자 들이 잠들어 있다
입술 붉은 바람이 덜 여문 봄 한 송이 밀어 올리고
잘려 나간 기억 넘어 고단한 삶의 무게가
매운 눈물의 마디마디를 밟고 간다
별들의 성당 종소리 들릴 때면
만종을 줍던 긴 그림자들
날마다 달디 단 웃음을 토해 내고 있다
설익은 풋 사과처럼 떠나간 그 꽃
아직도 따 슨 입김이 여기 서려있다.

몽마르뜨르 언덕에서

하늘이 파아란 머플러를 달고
이웃집
에펠탑 위에서 함께 놀고 있다
무덕무덕 바람의 조각들이
루브르박물관으로 들어와
안주인으로 자리를 차지하고
옛 이야기를 들려준다
샹제리제 거리 *마로니에 꽃잎이
향수를 뿌리며 손짓 한다
"미인들만 오세요"라고
지금은 어디쯤 가고 있을까
나폴레옹 장군의 명령 소리가
베르사이유 궁전 뜰에 아직도 쟁쟁한데
중년의 여인 같은 세느강
찬바람이 내 입술을 훔친다
속살 들어내 놓고 이쁜 고집으로 선
오월 보다 빛나는
몽마르뜨르 언덕 하모니를 본다.

*가로수 이름

프랑스 파리 에펠탑광장 2005. 5

| 주재남 다섯 번째 시집 |

여행은 맛있는 인생이다

잘츠부르크 환상곡

제5부

K-POP 환타지
< 일반시 편 >

커피 1번지

아메리카노 한잔이다
새벽 동해 바다는

파도가 커피숍에 들어와 써빙을 하고 있다
검은 여인이 그 먼 길 달려와
갈색 눈짓으로 사람을 불러 모은다
풋 아가시 하초 같은 향기를 피워 올리며
언제 부턴가 그의 몸값이
밥 한상을 짓밟고 어깨위로 올라섰다
소나타의 몸짓이 귓가에 서성이는 거리에
달빛이 침실에서 별의 속옷을 내리던 밤
눈으로 커피를 마시고
입으로 보았더니 더 상큼 하구나
눈물 너머 그 연인의 발자국 소리 머무는
안목 해변에
설익은 바람이 입술을 주고 갔다.

솔향 수목원

하늘내린 칠성산 용소골
꽃이 곁눈질 하며 시샘 한다

미니스커트에
하이힐을 신은 여인이 간다
눈에 닭털을 붙이고
루이비통 핸드백에 샤넬향기 피우며
파리 샹젤리제 거리처럼 걷는다
언제 보아도 스마트한 맛
지구촌 언덕에 단 하나 뿐인
여기 이 오페라의 꽃.

바다의 아이들

새벽 어머니 바다는 가족들을 위해 뒤뜰에서
조용히 기도하고 있다

```
   린 손    들은       공 놀       놀고
어     자 파 도    앞 뜰 에서    이 하며

                며              가
            파       기  친        간  는
            년   도   즐   구     시    줄
            청       원   을   들   려      모
            은       도   핑   과   울      르
            젊       서        어          고


              서                  에
           무   운            색       취
           상       줄         고       해
           세       모         하       서
           는       르         취       방
           도       고         에       탕
           파       자         술       하
           대           기     로       고
           십           기     대       있
           오           분              다.
```

74

K-POP 판타지

K-pop은 지구촌 보리싹이다
K-pop은 우주의 파도소리 어기야 디야
K-pop은 아프리카 아이들의 희망봉이다
K-pop은 밤 하늘 별들의 포퍼먼스 허리케인이다
K-pop은 아침의 나라 무궁화꽃의 향기다
K-pop은 한강 기적의 가지 끝 땀의 값이다
K-pop은 한복 치맛자락의 노들강변이다
K-pop은 잘 익은 김치, 청국장 맛이다
K-pop은 아리랑 고개고개 험한 길 넘어간다
K-pop은 싸이의 텃밭에서 자란 분신이다
K-pop은 세계인을 뛰게 하는 마약범이다
K-pop은 코로나 팬데믹 시간에도 우리들 가슴에
         장미꽃이다
K-pop은 K 푸드 고향의 봄에 요한스트라우스
         왈스다
K-pop은 모두의 가슴을 달구는 용광로다
K-pop은 BTS는 지구촌 문화의 꽃 중에 꽃이다

맛있는 여행 부산

```
                    치
                   갈 점
                  자   심
                 착     식
                도       사
               산         용
              부           두
             분             산
            17               공
           간                  원
          시                    커
         2                       피
        로                         한
       호                           잔
      룡                             버
     청                               스
    역                                 동
   울                                   해
  서                                     안
 간                                       귀
시                                         향
2                                           오
X                                            후
T                                             8
K                                              시
서                                              20
에                                               분
릉                                                도
강                                                 착
```

.다이중 행진 속계 은적기 의강한 지겠 니아 건는있 고꾸을꿈 금지
2024. 5.

능소화 축제

립스틱 싸하게 바르고
저기 걸어가는 금발의 젊은 여인
손톱 네일아트가
미켈란젤로의 그림보다 화려하다
아가씨!
시낭송 한편 해 줄 수 있나요?
목소리가 소프라노 조수미를 닮았네요
다이어트를 했나
S자 모양의 몸매에
엉덩이 까지 내려온 갈색 머플러 머리카락
그의 인생은 한 편의 뮤지컬이다.

내 생生의 친구들

별이 내리던 밤	星
달빛이 찾아와 마음을 가져갔다	月
바다에서 걸어 나온	海
여명이 새벽 조깅을 하는 모래톱에	日
소나기가 지나가 상쾌하다	雨
바람이 종종 걸음으로	風
산으로 기어 올라간다	山
옹달샘 쉼터에서 잠시 숨을 고르고	水
불타던 가을이 떠난 자리	火
하늘에서	天
택배로 배달된 A4지 위에	雪
소금을 지고 가는 저 나그네야	鹽
다음엔 꼭 설탕도 지고 오시게	糖
잠간 왔다가는 소풍 길에	道
이 친구들이 있어 외롭지 않아	友
우리들의 텃밭에	地
삶을 꽃을 피울 수 있어 좋았다.	花

늦가을에

여보!
여보,
가지 마
당신이가면 1년 후에 오는데
나 혼자 어떻게 하라고~
여보!
제발
가지마! 응
눈물이 난다.

검룡소의 미소

태백산 금대봉 들머리
하늘 내린 창대골에 둥지를 틀었다
지구의 자궁 에덴동산에서 태어나
붉은 혈액으로 힘차게 솟아나고 있다
멧돼지 산새 맑은 가난으로 살아간다
묵정밭 뒤뜰에 산나리 손짓 하던 날
뒷산 마루 끝에 졸던 산 메아리
함께 걷던 하장길 가지 끝에 앉았다
세월이 손잡고 떠나간 한강의 고향집
구름이 돛을 달고 아리랑 고개 너머
섶다리 징검다리 오솔길 따라
머~ 한양 길 여행을 떠나고 있다.

한 잎 낙엽

대관령 백두대간 1번지
축제를 끝낸 나무들이
하나 둘 마음을 비우고 섰다
눈물 묻은 까칠한 이파리들
엄니를 떠나 낙엽이란 이름표를 달고
더 큰 세상으로 나를 찾아 여행을 떠난다
왔다가 떠난 뒤 시간을 역사라고 했던 가
마른 바람도 떠나야 할 땐 소리 없이 가는 것이다
가끔
하늘에서 택배로 A4가 올 때면
별 밭으로 먼저 간 친구의 발자국을 그려 본다
길모퉁이 포장마차에서
김이 피어나는 어묵 한 점,
소주잔에 겨울을 타서 마시던 추억 묻은 시간
덜 여문 겨울의 소리를 듣는다
달빛을 베어 스카프로 두르고
새벽안개 산가지에 걸어 놓으면
그해 겨울의 손맛은 생선초밥 한 점이다.

| 주재남 다섯 번째 시집 |

여행은 맛있는 인생이다

잘츠부르크 환상곡

제6부

붓다의 고향 룸비니
< 인도.네팔 편 >

타지마할

아그라市 야무나 강변에
타지마할*이 살포시 앉아 있다
샤자한의 눈물,
눈물로 지울 수 없는 사랑, 사랑
하늘이 보듬고
땅의 가슴으로
별들이 집을 지었노라
꽃이면 다 꽃이던가
이승보다 저승이 더 고운
꽃이여…

* 인도에 있는 세계7대 불가사이 건물

네팔 카투만두

네팔의 수도 카투만두
역사와 전통이 살아 숨 쉬는 도시
전체가 박물관이고 보석 같은 도시다
스와얌 나부트사원. 보드나트 불교사원은
세계문화유산으로 지정되어 있다
카투만두의 랜드마크 라고도 한다
네팔은 세계에서 8,000m이상 높은 산봉우리를
14개 중에 8개를 가지고 있는 나라다
희말라야 산맥의 고향이라고도 불린다
한국인 최고의 산악인 하면
故 박영석 대장과 엄홍길 대장 여자로 故고미영과
오은선 산악인도 있다
이곳 시내 관광객들도
70% 이상이 등산과 관계된 사람이고
재래시장에 가면 대부분 등산에 관련된 물품들이다
아주 먼 옛날에 이곳이 바다 이였다는데
무슨 지각 변동으로 세계최고 높은 산으로 변했을까
에베레스트 산봉우리여
이곳에서 영원히 건강하게 살아 다오
"산은 산이요 물은 물이로다."

* " " 따옴

갠지스강

바라나시 젖줄로 태어나
힌두교의 어머니가 되었습니다
바람이 밟고 간 시간 너머로
웃음과 눈물 환희가 함께 살아가는 가슴엔
날마다 아침노을이 타면 신앙의 물결 속에
가트에는 빨래하는 사람 목욕하는 사람
기도하는 사람 모두가 어머니 자식입니다
어머니
당신이 있기에 먼 길 달려와
그
욱신거리는 생의 짐을 내려놓고
오늘도 어머니 품으로 돌아갈 사람들이
한 줌 연기로 지워지고 있습니다
길을 찾으며 책갈피를 넘기던 바람,
언제까지 가야 하는지
태양이 우주를 떠나고
강물이 산이 된다 하여도
어머니
당신의 가슴엔 땀 냄새가 끝이 아니길.

*. 인도 바라나시에 있는 강

인도 갠즈스강변 화장장 2006. 11

부처님의 생가

붓다가 태어 난 곳 네팔 룸비니
무거운 세월의 무게만 걸어가고 있다
스님의 손끝에서 자란 목탁소리
새벽을 깨워 아침을 세우던
독경소리 어디로 갔나
지구 저편 너머 남쪽엔
별보다 많은 중생들의 기도 소리
불길처럼 활활 타오르고 있는데
이웃,
국제사원 구역은 현란한 불빛으로
배부른 시간만 내일을 기다리고 있다
마른 바람이 야금야금 뜯어 먹고 살아온 긴 시간
붓다의 첫 발자국,
조용히 설법하며 손님을 맞이하고 있다.

인도 델리

인도는 인구14억 명을 가진 세계 제1의 인구 대국이다
수도는 북부에 위치한 도시 델리다
영국이 89년간 지배하다 1945년 8월 15일
우리나라와 같은 날 해방 광복이 되었다고 한다
델리에서 제일먼저 만나는 인디아게이트〈India Gate〉다
호국 전사자를 추모하는 기념비다
프랑스의 개선문과 비슷하게 만들어 졌다
좀 더 넓은 평원으로 가면 연꽃사원을 본다
연꽃사원은 27개의 연꽃잎 모양의 외관을 만들어져
매우 인상적인 사원이다
세계 건축공학도의 견학지로 유명하다
바하이교 연꽃사원은 연못에 떠있는
한 송이 연꽃 사원이다
자리를 조금 옮겨서
"마하트마 간디" 독립운동가 화장장을 본다
인도의 정신적 지주 비폭력 주의자로
지폐의 인물이기도하다
간디 화장장 "라즈가트"에서
오늘도 영원히
꺼지지 않는 불꽃이 타오르고 있다.

네팔 포카라

네팔의 두 번째 큰 도시다
11월 중순인데 벼를 베는 곳이 있는가하면
벚꽃이 흐드러지게 피어있어 계절을 알 수가 없다
이곳은 아열대 기후인가?
카투만두에서 아침 9시에 버스를 타고
산언덕 굽이굽이 돌아 8시간 걸려 도착했다
낭떠러지 좁은 산길이 호랑이보다 무서웠다
다음 날
새벽 일찍 사랑곳 전망대에 올랐다
앞에 보이는
안나푸르나, 마차푸차레 산봉우리 일출
만년설에 비추는 아침 여명은
발레 하는 여인의 한 폭의 붉은 훌라 춤이다
영국 엘리자베스 여왕의 행차 같다
마차푸차레 산봉우리는
네팔에서는 신성시 하는 산으로 등산이 금지된 산이다

히말라야 트래킹 하는 일반 등산객들은
이곳 포카라를 통해서 만 갈 수 있다
페화 호수 보트 위에서 보는
페러글라이딩 무리가 철새들의 천국 같다

네팔 (신의산) 마차푸차레 일출 2006. 11

국제 산악 박물관에서
세계의 높은 산 사진 갤러리 속에
한국의 설악산 사진도 한껏 있다 넘 반가웠다
시장 골목에 들어서니 식당 메뉴판에 "삼겹살"이 있다
식당에 가서 물어 보았다
한국에 돈 벌러 갔다 맛있게 먹었던 기억에
귀국해서 식당을 차렸다고 한다
한국에 왔다 간 사람은 모두가
원더풀 코리아 하며 좋아 한다
네팔 여행은
또 하나 내 삶의
그랜드 캐니 언 같은 사진 한 장이다.

룸비니 대성석가사

룸비니 붓다의 고향에 가면
현존 살아계시는 붓다가 있다고 한다
대성석가사 주지 법신스님이다

"주지 스님?
이 절을 직접 설계하시고,
이웃 주민과 같이 절을 지었다고 들었습니다"

스님 말씀이 걸작이다

"까마귀, 까치도 집을 짓는데
사람인데 왜 집을 못 짓습니까?"

한참 말을 못하고 스님 얼굴만 멍하니 바라보았다

룸비니 국제 사원 구역에는
세계 여러 나라에서 이곳에 절을 지었는데
자금. 자재. 기술자를 자기나리에서 직접 가져다
짧은 시간에 절을 준공하는데
대성석가사는

지하1층 지상5층 연건평 900평이 넘는 건물을
후원금이 모이는 대로 조금씩 조금씩
개미들의 역사로 이루어 골조공사만 8년
마무리공사를 7년, 15년이 걸려 준공을 했다고 한다
이 지역 주민들을 위해 일자리를 만들어 주었고
베풀고 나눔으로 현존하는 붓다라고 한다
대성석가사는 24시간 정문을 열어 놓고 있다
세계 배낭 여행자들이 마음 편하게 찾아 와서
무료 숙박과, 식사 시간에 오면 같이 식사도 한다
비용은 받지 않고 본인 뜻이 있으면
불전 함에 성금을 조금씩 넣고 간다
여러 사람들의 입소문을 듣고
수많은 여행객들이 찾아온다고 한다
법신스님의 거룩한 나눔과 베풀음이
극락세계에
별이 되고 꽃이 되어 주시길 소망합니다.

* 2006.11

바라나시

동쪽으로 갠지스강을 품고
인류가 탄생할 때 생긴 삼천년이 넘는 도시,
힌두교의 최고 성지라고 한다

돌고래가 갠지스강에서 새벽 산책을 하고
수많은 사람들이 목욕을 하고, 세수를 하며
이곳에서 화장을 하여 어머니 강에 뿌려 진다
이것이 인생 최후의 극락으로 가는 만찬 길이다

옛 고대 도시라서 중심가에
도시 계획이 안 되어 매우 복잡하다
대중 교통버스는 없고
택시. 오토릭샤. 싸이클릭샤. 삼륜차
이런 작은 운송수단으로 이동하다 보니
질서가 없고 너무 혼잡하다
그래도 교통사고는 별로 나지 않는다고 한다

승용차로 30여분 달려
사르나트, 녹야원에 갔다
부처님이 깨달음을 얻은 후 다섯 도반에게
최초로 설법한 불교 4대 성지로 불자들의
성지 순례 장소로 유명한곳이다
인도는 불교 인구가 3%정도라고,
인도 인구의 90%이상이
인두교를 믿는다고 한다
재래시장에 가면 소와 어울려 살아가지만
서로 보듬고 배려하고 진솔하게
생활 하는 모습이 힌두교의 가르침인가
이 시대에 카스트제도가 있다고한다
다시 한 번 생각해 봐야 할 제도인 것 같다
바라나시에서 힌두교의 참맛을 보았다.

제7부

가까운 나라, 이웃 나라
< 금강산, 일본, 러시아 편 >

*아무르강 노을

어머니 탯줄을 버린 강물이
고향을 뒤로하고 바쁘게 걸어 간다
아직은 젊어서 그의 관절이 이상이 없나보다
몽골의 초원으로 말이 달리고
바람이 달리고 목동이 달려
독수리가 강물을 낚아 올린다
북간도의 바람을 타고 내려온
젊은 여인의 하초 같은 아무르강,
유람선 선상에서 50도의 보드카를 병째로 마시며
하바롭스크 등줄기 혈관을 지나간다
지난 날 고려인의 영하 40도의 삶을 뒤진다
침묵이 시간 속으로 무거웠던 등짐 내려놓을
종점을 꿈꾸며
그들의 아파했던 삶의 이파리 들이
내 눈 동공 속으로
무거운 걸음으로 들어가고 있다.

* 러시아 하바롭스크를 흐르는 강

코, 귀 무덤 앞에서

일본 교토에 가면 코, 귀 무덤이 있다 도요도미 히데요시의 야망에 임진왜란의 승리 전유물로 조선 백성들의 코, 귀를 베어 무덤을 만들었다고 한다 하늘과 땅이 수 만 번을 울고 또 울었을 기막힌 사연, 산도 돌아 앉아 눈물을 닦는다 조선인들의 피눈물이 강물이 되었을 것을 입이 있어도 말도 못하고 힘 없고 어두웠던 시대의 서릿발 같은 아픔이 묘지 앞 현황판에 기록되어 있다 우린 할 말을 잊고 가슴에 못질을 하고 숨이 멎는 순간을 참아야 했다 지구상에서 가장 극악무도 한 전승 기념물 이라고 한다 지금도 독도를 자기들의 영해라고 뻔뻔하게 소리치는 인간들을 쓸어낼 수는 없는지 현실이 아닌 꿈이길 바라면서 밤하늘의 별들이 해도 한반도 남쪽 대한민국에 봄은 오고 있다.

도쿄에서

태평양의 스마트한 바람이
도쿄타워에 벚꽃향기를 타고 왔다
일본은 14,200여개의
섬으로 이루어 진 나라라고 한다
섬나라라서 그런 가 지진과 태풍이
대체로 많은 나라다
일본에 다섯 번째 여행을 왔는데
올 때 마다 많은 것을 배워간다
교통질서. 친절. 예절. 거리에 쓰레기통 하나 없이
잘 정돈된 군부대같이 질서정연하다
도쿄 타워 전망대에서
후지 산 만년설과 손잡고
세계 경제 2위 대국의 심장을 내려다 본다
조선시대에 36년 이란 긴 시간
우리나라를 식민지로 지배해서
힘들고 어려웠던 시기도 있었지만
1960년대 후반 우리나라 중화학 공업과
전자산업의 육성은 일본의 후원이 아니었다면
오늘 날 한강의 기적은 없었다 라고 생각 된다
우리 이젠 아픈 마음 다 비우고

가까운 이웃사촌으로 잼 있게 살아갑시다
"세상은 넓고 할 일은 많다고" 하듯이
후꾸오까 현해탄 해저터널공사가
하루빨리 개통되길 소망해 보면서.

일본 오사카 성 2012. 6

금강산 만물상에 올라

"금강산, 봉래산, 풍악산, 개골산"
이 거룩한 사계절의 이름이여!
전 세계에 사계절 이름을 가진 산이 또 있습니까?
조물주가 우리 한민족에게 선물한
아름다운 금수강산
금강산은 벌써 죽었습니다

지구촌에 단 한 곳 뿐인 붉은 동토의 땅
김일성. 김정일 개인숭배 거짓말 선전의 붉은 글씨가
눈에 띄는 바위, 바위 마다 가득하다
꿈에서 라도 한번 보고 싶었던
유연에 어머니 품속 같은 금강산!
가슴에 비수를 찌르는 것 같이 아파 옵니다
오늘도 구룡폭포는 말없이 묵묵히
씻고 닦고 또 닦아도
저 붉은 거짓 선동의 글씨는 지울 수가 없습니다
북녘 붉은 동토의 땅에

하늘의 은총이 있어 하루 빨리 봄이 와서
거짓된 붉은 글씨를 지울 수가 있다면 얼마나
좋을까요
세상에 영원한 것은 아무것도 없습니다
그날이 오기를 두 손 합장 소망합니다.

2008.2

대만 타이페이

대만은 큰 섬 하나와 작은 섬 22개로
이루어진 섬나라다
대륙이 아닌데도 동북아시아에서
3,000m 이상 높은 산봉우리가
260개가 넘는 산악 섬나라라고 한다
제일 높은 옥산 주봉은 3,900m가 넘는다고 한다
야류해양국립공원은
자연이 만들어낸 기암괴석이 바다와 어울려
다양한 모양의 조각상을 만들어 냈다
대만 여행의 필수코스다
다음날 기차를 타고 태로각 협곡으로 가는데
기차객실 한편에 우리나라 현대중공업에서
만들어 수출한 차량 이였다
모두들 가슴 뿌듯하고, 각자 한마디씩 한다
대만의 랜드마크 타이페이 타워는 보지 못하고
장개석 전 총통 기념관에 갔다
박정희 전 대통령이 다녀간 사진이 걸려 있다
"박정희 대통령의 새마을 운동 아이디어를

장개석 총통이 주었다고"
여자 가이드가 말했다
사실인지 아닌지 증명 할 수는 없다
두 분 정상이 좋은 말씀을 하신 모양이다
대만은 크게 볼거리는 없어도
각 나라마다 고유한 특색은 있다
짧은 일정이지만 즐겁고 유쾌했다.

블라디보스토크

밤9시
하바롭스크에서
우랄산맥을 넘어 블라디보스토크로 간다
아무르강이 시베리아 횡단기차를 끌고
하얀 밤을 달린다
지구촌에서 가장 무거운 기차,
한 사내가 역사를 쓰고 있다
세상에는 영원한 만찬은 없다
청일전쟁을 주름잡던 대포가
폐암에 걸렸나
세월을 베고 마네킹처럼 몸 져 누웠다
러시아의 새끼손가락 가지 끝에
북극곰이 잠에서 깨어나
아침 푸른 태양을 포효하고 있다.

제8부

발칸 반도를 가다
<동유럽 편>

비엔나*에서

게르만족이 알프스산맥 등줄기를 타고 내려
발칸반도에서 제일 살기 좋은
예술과 음악의 도시를 만들었다
베토벤, 슈베르트, 하이든
그 이름만 들어도 교향곡에 취하고
오페라에 취한다
요한스트라우스의
아름답고 푸른 도나우강의 왈츠 곡이
도나우 강 유람선상에서 축제를 한다
쉔부른 궁전 뜰에
"장미화야 장미화 들에 핀 장~미화"
빈 소년 합창단의 노래를 듣는다.

* 동 유럽 오스트리아 수도
* 〈장미화야...〉 옮김

부다페스트*

붉은 도시의 아침에
붉은 바람이 불어와
낯선 빌딩들이 정겨운 인사를 건넨다
부다의 황금 시간은 조용히 잠들었다
카르파티아 산을 떠나 살갑게 살아온
그 여인의 삶은 다뉴브강의 넋이 되었다
한강보다 좀은 작지만
아름답게 립스틱 바른 그의 얼굴에서
고단했던 발자국 소리 들린다
유람선 선상에서
개미처럼 살아온 우리들의 시간을 내려놓고
썬 한 맥주잔을 기우리며 잠시
하늘의 순간으로 돌아가
한 컷 삶의 이파리에 꽃을 피워본다.

* 동유럽 항가리 수도

블레드* 호수

동유럽에서 가장 작은 나라
슬로베니아의 보석, 블레드 호수를 본다
하늘보다 맑고 거룩한 모습으로
여기 와 섰다
절벽위에 세워진 블레드성, 블레드섬이
함께 한 송이 꽃처럼 동행 한 자욱마다
시간이 걸어가고 있다
여름의 이파리보다 나풀거리는
호수의 입술에 미소를 보며
성모 마리아 승천 성당에서
소원을 빌며 종을 울렸다
이 호수에서 한 주일만 살고 싶다
호숫가 언덕에 마음에 집 한 칸 지으며.

* 동유럽 슬로베니아 도시

슬로베니아 블레드 호수 2017. 6

자그레브*

하늘과 입맞춤하는 지평선의
혈관을 뚫고 버스가 달린다
농부들은 한사람도 보이지 않는데
비단결 같이 가꾸어 놓은 밭과 목초지
오! 예
감탄이 절로 나온다
동유럽 아드리아 해海의 보석
크로아티아*
하늘내린 평원이 문전옥답이다
사바강이 흐르는 자그레브
대성당 종소리 은은히
가톨릭의 문화가 꽃피어난다
플리트비체 국립공원에서
자연이 선물한 산수화를 보며
구름위로 여행을 떠난다.

* 동유럽 크로아티아 수도

체코 프라하* 의 봄

"꿈속에 그려라 그리운 고향
옛 터전 그대로 향기도 높다"
드보르작 노래가 몰다우 강 기슭에
유년의 향수로 흐르고 있다
천문 시계가 밤 9시를 알린다
수많은 사람들이 아름다운 몰다우 강
카를다리 위에서 춤을 추고 밤을 노래하고
사진 모델이 된다
이 여행은 내 생애 최고의 선물이다
천년 공사로 지어진 성비트 대성당에서
건축 예술의 우주를 본다
바츨라프 광장에서 민주, 자유를 외치던
두 청년은 가고 없어도 프라하의 봄은
오늘도
5월보다 푸르게 피어나고 있다.

* 체코 수도
* " " 차용

잘츠부르크*

오후의 햇살이 미라벨 정원에
살포시 앉아 졸고 있다
모짜르트 교향곡이 감미롭게
관광객의 마음을 사로잡는다
영화,
사운드오브 뮤직(Sound of Music)
촬영지에서 주연이 되어 기념 촬영을 한다
옛 것과 새것이 조화로운 도시답게
세계인의 발길이 끝없이 밀려오고
먼 옛날 소금을 많이 팔았다고 하여
"소금의 성" 잘츠부르크,
호헨 잘츠부르크 성에서
지구촌에서 가장 가슴 설레는 곳
아름다운 붉은 도시를 본다
감마굿 호숫가에 석양이 긴
그림자를 내려놓고 옷깃을 접는다.

* 오스트리아 도시

오스트리아 잘츠부르크 미라벨정원 2017. 6

| 주재남 다섯 번째 시집 |

여행은 맛있는 인생이다

잘츠부르크 환상곡

제9부

철마는 달리고 싶다
< 국내 여행 편 >

거문도 등대의 파도소리

1905년 태어나 한시도 잠들지 못하고
이 자리를 묵묵히 지켜온 불침번의 시간이다
출항을 준비하는 뱃고동 소리
다도해 섬 밭에 메아리친다
초저녁 별들이 등불 들고 마중 나와
저녁을 놓고 떠나간 자리
바람이 밟고 간 파도의 이랑 밭에
긴 목을 빼고 침묵으로 서 있다
세월은 흘러가는 것이 아니라
익어가는 것이다, 늠금처럼
태평양의 긴 항해에 고단한 친구들에게
고향 소식 전해 주는 그는
바다의 회초리 앞에
텅 빈 가슴을 달래며 밤바다의 이정표로
어둠 속의 수평선을 예인하고 있다
백도가 만선의 깃발로 거문도항에 들어 올 때면
부두에는 연둣빛 웃음꽃이 활짝 피어난다.

마라도

바다의 아들로 태어나
파도만 베어 먹고 살아온
한반도의 불침번으로 굿 굿이 지켜온
"대한민국 최남단" 작은 섬이다
한라산이 허락한 만큼 자리한 넌
가파도의 회초리 앞에
한줌 바람의 위로를 받으며
육지가 그리울 때 마다
더운 눈물 자욱이 걸어간다.
파도의 까만 눈동자들
빈 가슴 사루어
울컥 울컥 아리랑을 불러본다.

백령도

하늘 내린 서해 옥빛 바다
물떼새 울음 몇 조각 건져 올린다
꽃게가 축제를 하는 뜨락에
두무진 해양 국립공원에
미켈란젤로의 그림 같은 병풍을 치고
기암괴석으로 여행객의 동공을 매어놓고 있다
인당수 언덕 심청각에서
심청이의 효 이야기를 듣는다
북녘 땅 붉은 늑대들의 기름 친 총구가
NLL 철조망 넘어 독사처럼 겨누고 있다
저 흰빛 파도 속에 검은 악마의 조소가
숨어 있는 줄 왜 몰랐던가
천안함 폭침 하던 날 스러져간 푸른 무궁화꽃
46 송이
하늘을 찌르던 괭이 갈매기 목쉰 울음소리 들었는가
그날의 일들이 우리들 가슴에
반야심경처럼 오래 오래 꽂혀있으리라

백령도여
콩돌해변, 규조토 해변 비행장, 형제바위, 코끼리바위
잘 가꾸고 보존하여
지구촌이 끝나는 날까지 삼천리 화려 강산을
서해의 마지막 해병, 불침번으로 지켜 다오.

인천대교

가을이 저만치 소리 없이 익어가던
2009.10.17. 인천대교 개통기념 걷기대회 날이다
5만 여명이 걷고 또 걷던 그날의 함성이 들린다
인천에 하늘과 바다사이 또 하나의 오작교,
지구촌 걸작을 만들어 놓았다.
새벽찬 허공에 발자국 만 남기고 떠난 갈매기도
밀물 따라 깃발을 들고 돌아와 상처 난 갯벌을
어루만진다.
시린 발 바다에 담그고 바람과 구름 불러 모아
내일을
준비하는 인천의 푸른 이야기 듣는다
우리들 마음속에 아버지같이 든든한
당신,
아침을 여는 뱃고동소리 들리면
또 다른 내일의 일기를 쓰고 있다.

*실미도 2

모두가 떠나고 아무도 없다
땀으로 절여진 땅 그날의 이야기들이 걸어 나오고 눈물 묻은 빵으로 문신이 가득 새겨진 섬이 길을 묻는다 별의 속눈썹 보다 많은 발자국들이 쳐다본다 불법으로 입주한 바람이 시간을 뜯어먹고 파도는 바다를 달래며 이 땅을 혼자 지키고 있다 오월 보다 더 젊음을 꽃피우던 함성들 지금은 북녘 땅 어느 외진 하늘 아래서 한 잎 무궁화 꽃으로 잠들어 있을까 무어라고 말을 해야 그들이 편히 창문을 닫고 잠들 수 있을까 시간이 시간을 밟고 간 뒤에야 약이 되는 것을, 몸속으로 더운 강물은 아직도 흐르고 있다 허공을 가르고 지나간 기합소리, 꽃잎지고 없는 빈자리 마지막 텃밭을 지키는 눈빛 잃은 산 그림자만 그때의 이야기를 줍고 있다.

* 실미도; 북파 공작원 훈련소가 있던 섬

임진각

목쉰 기적소리
기차야 미안하다
시간이 잠들지 못한 응어리진 세월 70년
총탄에 맞아 구멍 난 자욱 마다
아직도 붉은 선혈을 토해 내고 있다
우리가 가야할 저길, 임진강 너머
서울에서 평양 시베리아 횡단을
맘 편히 달려 갈 수 있는 날은 언제인가
남극점 보다 더 얼어붙은
북녘 붉은 동토의 땅
백마고지 옹이진 능선 마디마디에
매운 눈물을 언제까지 곱씹어야 하나.

임진각, 철마는 달리고싶다 2018. 4

선유도 바람소리

고군산 군도 1번지
새만금 방조제 새끼손가락 이다
별들이 밤새 퍼 올린 아침 여명이다
첫 입맞춤 여인의 초경이다
고군산군도 간이역이다
초승달의 젖가슴이다
해무의 치마 자락이다
장자도가 익어가는 삶의 무게다
횟집 여사장의 립스틱이다
대장봉 겨울 두견화다
어머니 속옷 쌈지 돈이다

향일암*

산위에
원효대사가 붓다가 사는 집을 지었다
돌은 무거운 등짐을 지고 손님을 맞는다
하늘에 명줄 하나 매달고 가파른 계단을 오른다
산의 갈비뼈로 만든 대웅전 뜨락에
*룸비니에서 온 마른바람 몇 점 졸고 있다
바위의 눈빛 속에 머물러 있던 먼 날의 이야기
먹구름 낀 마음을 열고 모두에게 소금이 되게
해 주오
사막의 계곡에 허기진 중생들
푸른 오아시스 입맞춤으로 인도해 주세요
도반이 되어 함께 돌 속으로 걸어간다
갯벌의 목덜미에 피어나는 해넘이 긴 그림자
佛불 자 하나 空공의 가지 끝에 걸어놓고
붓다의 씨앗 하나 심장 속 깊이 싹 틔우고…

* 전남 여수시에 있는 절
* 룸비니; 부처님 탄생지

독도의 침묵

한반도 수평선 멀리 동해안의 진주
아침여명이 제일먼저 찾아와 인사를 한다
독도
힘들고 어려워도, 고단한 세월의 무게도
넉넉한 함박꽃 미소로 살아왔다
날마다 대한민국을 수호하고
한 점 부끄럼 없이 늠름한 자세로
동해 바다의 불침번으로 최선을 다 하고 있다
독도야!
누가 머라 해도 기죽지 말고
귀신 잡는 해병대 기상으로
오직 나라와 국민을 위해
너의 의무와 책임을 다해다오
당신이 의젓하고 패기 넘치는 모습에
우리들은 안녕하고 마음 편히 잠들 수 있다
각자 주어진 일에 최선을 다 하자

오늘 괭이 갈매기들이 축제를 하고,
젊은 파도가 아리랑 합창을 하는 날
동도와 서도
두 형제의 정겨운 해국* 같은 우정을 노래하며.

* 독도에서 피는 보랏빛 꽃

독도 2005. 6

내장산의 단풍

내장산 내장寺 앞뜰에
그녀는
분홍색 치마를 깔고 앉았다
아직도 할 말이 남아있는데
누가 불을 질렀다
차마 떠나지 못하는 가을이
까르르 웃음을 한 속쿠리
쏟아 붓는 산자락 가지 끝에
스님들의 독경소리
늦가을이 하나 둘 깊어간다
누워있는 발자욱 소리마다
붉은 내음 토해내어
검덩 고무신에 담겨지는
저 여울물 소리.

도라산 전망대

망원 렌즈로 북녘 땅 언저리
개성 공단을 바라본다
기계소리 요란하던 공장이 주인을 잃고
쓸쓸히 몸져 누워있다
죽은 시간의 긴 그림자를 마른 바람이 밟고 간다
보리 고개 보다 더 높은 고난의 행군
끝이 보이지 않고
꽃제비가 거리의 꽃으로 피어나는 곳
우주 밖 먼 지옥 같은 나라
외계인이 사는 세상 같이 검은 바람만 분다
인적 없는 저 거리를 보노라면
시린 가슴 천근만근 무너져 내리는 시간
푸른 허공을 마음껏 다니는 새들의
모습을 보면서 허허로운 가슴을 슬어본다
저 검은 동토의 땅에 언제 봄이 오려나.

| 주재남 다섯 번째 시집 |

여행은 맛있는 인생이다

잘츠부르크 환상곡

인쇄일 : 2025년 10월 15일
발행일 : 2025년 10월 17일

지은이 : 주재남
펴낸이 : 홍명수

펴낸곳 : 성원인쇄문화사
출판등록 : 강릉2007-5
주소 : 강원특별자치도 강릉시 성덕포남로 188
　　　대표전화 (033)652-6375
　　　팩스 (033)651-1228
이 메 일 : 6526375@naver.com
ISBN : 979-11-92224-64-0

값 10,000원
인세수익금은 전액 봉사단체에 지원합니다.

- 저작권법에 의해 보호받는 저작물이므로 저자와 출판사의 동의 없이
  내용의 일부를 인용하거나 발췌하는 것을 금합니다.
- 파손된 책은 구입처에서 교환해 드립니다.